AF440424

ÉLECTIONS LÉGISLATIVES DE 1885

DU

UFFRAGE UNIVERSEL

CONSIDÉRÉ DANS SES ERREURS
ET LEURS CONSÉQUENCES

PAR

Gustave MARTIN

ANCIEN MAIRE DE MONTROUGE
PRÉSIDENT A VIE DU CERCLE OUVRIER RÉPUBLICAIN DE CETTE VILLE
MEMBRE DE LA SOCIÉTÉ DE LA LIBRE-PENSÉE DE VANVES, MALAKOFF ET MONTROUGE

———

Prix : 20 centimes

———

SE TROUVE

CHEZ LE CITOYEN ZION

8, AVENUE DE CHATILLON, PARIS

—

1885

DU

SUFFRAGE UNIVERSEL

CONSIDÉRÉ DANS SES ERREURS
ET LEURS CONSÉQUENCES

PAR

Gustave MARTIN

ANCIEN MAIRE DE MONTROUGE

PRÉSIDENT A VIE DU CERCLE OUVRIER RÉPUBLICAIN DE CETTE VILLE

MEMBRE DE LA SOCIÉTÉ DE LA LIBRE-PENSÉE DE VANVES, MALAKOFF ET MONTROUGE

———

PRIX : 20 CENTIMES

———

SE TROUVE

CHEZ LE CITOYEN ZION

68, AVENUE DE CHATILLON, PARIS

—

1885

DU

SUFFRAGE UNIVERSEL

CONSIDÉRÉ DANS SES ERREURS

ET LEURS CONSÉQUENCES

Citoyens,

Nous vivons dans un temps difficile, temps troublé où les saisons, les idées, les hommes et les choses se mêlent et se confondent au point d'être méconnaissables.

Si haut que l'on remonte dans les annales des peuples, je doute qu'on trouve une situation analogue à celle au milieu de laquelle nous nous débattons à cette heure ; les saisons n'ont plus leur caractère propre, le printemps n'est pas le printemps, et la République, citoyens, n'est même pas la République.

Mais si nous ne pouvons modifier en rien les phénomènes de l'ordre naturel, il n'en est pas de même de ceux de l'ordre politique, dont les causes une fois connues peuvent et doivent disparaître si nous le voulons sérieusement.

L'étranger qui suit dans les journaux les évolutions politiques de la France, juge de nos aptitudes républicaines d'après leurs deux manifestations les plus élevées, c'est-à-dire, d'après les élections et les gouvernements qui en sont la résultante.

Et en effet, citoyens, quelle preuve plus manifeste de l'incapacité ou de l'imprévoyance d'un peuple que celle de l'abandon qu'il fait de ses droits et de ses libertés?

Il est regrettable d'ailleurs, qu'un peuple qui, depuis trente-six ans bientôt est en possession du suffrage universel ne sache pas se servir utilement du bulletin de vote, et qu'il en soit encore à demander aux gouvernements des réformes qu'il devrait faire lui-même.

Car, citoyens, le bulletin de vote est une arme de précision quand on sait s'en servir et que l'on connaît bien le but que l'on veut atteindre.

Faites de bonnes élections, citoyens, et soyez certains qu'on vous fera de la bonne politique.

Et maintenant, citoyens, j'aborde franchement le sujet qui fait l'objet de cette petite brochure. Je prends le suffrage universel à ses débuts et esquissant à longs traits la période intercallaire (l'Empire) pendant laquelle le peuple ne compte pour ainsi dire pas, j'arriverai à la période actuelle en mettant chaque fois qu'il y aura lieu, l'électeur en face de ses erreurs et l'élu en face de ses fautes.

Citoyens, le premier usage que le penple a fait du suffrage universel a été une erreur qui pèsera une longue suite d'années sur notre malheureux pays.

Le second a été la faute qui par 8,750,000 voix, a fait du misérable de Sedan, l'empereur des Français.

Dès cette époque au 4 septembre 1870, il n'y eut plus en France qu'un seul électeur — Bonaparte, et s'y il y eut cinq élus, ce ne fut qu'à la condition qu'ils lui prêteraient serment, chose à laquelle ils étaient d'ailleurs fort disposés.

L'étranger qui, sur notre propre dire, nous tenait jusque-là pour le peuple le plus spirituel du monde, fit sur ce point de sérieuses réserves et il n'est pas jusqu'aux peuples de Soulouque et de la reine Pomaré, qui ne se soient roulés de rire, en apprenant que nous nous étions donné pour maître et empereur, un ex-constatable de Londres, un chevalier du tournoi d'Eglington, un échappé des latrines de la caserne Finkmack.

Après tout, citoyens, la France n'était pas

bégueule, elle ignorait ces pudeurs-là, l'Empire d'ailleurs n'éclipsait-il pas par son luxe toutes les cours de l'Europe et ses antichambres n'étaient-elles pas hantées par la plus fine-fleur de l'aristocratie de l'ancien régime ? Que pouvait donc désirer de plus ce bon peuple ? Du pain et des théâtres, on lui en donna, parbleu!...

C'est ainsi que de turpitudes en ignominie, l'aigle du second Empire vola, non pas de clocher en clochér jusque sur les tours de Notre-Dame, (comme celui du premier Empire) mais sur le faîte du palais de l'Industrie, qui, en 1867, marqua le summum de sa puissance et de sa triste grandeur.

A cette époque en effet, citoyens, la moindre parole, le moindre geste de ce crétin, prenait les proportions et avait le retentissement des faits les plus considérables, signes précurseurs d'une déconfiture prochaine.

Paris pourtant, en était déjà à cette période d'inquiétudes vagues qui précèdent toujours les grandes catastrophes, et, la prospérité toute factice dont les journaux officieux faisaient tant de bruit et qu'ils rapportaient exclusivement au génie de leur César de cirque, n'apparaissait déjà plus aux masses que comme un trompe l'œil, dont se servait le pouvoir pour

dissimuler une situation désespérée, un hori-
zon gros de tempêtes.

Qui donc, parmi les gens quelque peu intel-
ligents aurait pu croire à la durée de ce gouvernement issu de l'assassinat et du parjure et
qui ne se soutenait que par le mensonge et la
corruption ?

La révolution était et se sentait partout, elle
était dans l'air qu'on respirait et jusque dans
la surexcitation indéfinissable que provoquaient
chez les gens sensés et honnêtes, l'indignation
et le dégoût.

L'étranger que le désir de connaître la France
attirait à Paris, reculait épouvanté devant la
démoralisation de la jeunesse oisive et l'abjecte
servilité du fonctionnarisme.

Rien de ce qui constitue la moralité et la vi-
rilité d'un peuple n'avait résisté aux pollutions
de l'Empire, l'armée, le clergé et la magistra-
ture s'étaient prostitués corps et âme au cynique pandour pour qui la conscience et la dignité
humaine n'étaient que litière. sur laquelle il
piétinait au bruit des flonflons des soudards et
des bacchantes avinées.

La débauche, dans ce que la luxure a inventé
de plus anti-naturel n'offrait même plus aux sens
émoussés de la jeunesse des petits crevés, que
des plaisirs pour ainsi dire négatifs.

Il y avait à Paris plusieurs maisons de tolérance d'hommes que peuplait une corporation de jeunes gens portant culotte collante et une sorte de caraco appelé saute en barque qui mettait en saillie la partie postérieure du corps.

Ces immondes créatures avaient adopté certains signes à l'aide desquels ils se faisaient aisément reconnaître.

C'était, en été, l'ombrelle blanche et un voile enroulant leur microscopique chapeau, l'hiver, ils avaient remplacé la ceinture dorée des filles de l'ancien Palais-Royal par un foulard rouge, dont un des angles sortait de la poche de derrière de leur saute en barque.

Paris, disaient quelques journaux étrangers était devenu le lupanar de l'Europe, lupanar infecte où les plus honteuses pratiques de Sodome et de Gomorrhe étaient érigées en institutions.

Qui de nous, en effet ne se rappelle encore l'obsène situation dans laquelle furent surpris tour à tour, un sénateur avenue de Marbeuf et un conseiller d'Etat aux Champs-Elysées ?

Le peuple seul, et j'entends par le peuple le monde occupé, était resté honnête au milieu de cet immense écroulement moral.

Quant au monde des affaires sur lequel

avaient déteint l'Empereur et son gouvernement, il s'était vautré dans le tripot.

Plus de conscience, plus de probité commer-
ciale, plus de principes, c'était au plus rusé,
au plus cynique, au plus coquin.

Partout la décomposition morale se faisait
rapide et irrémédiable.

La guerre de 1870 avec ses hontes, ses lâ-
chetés et ses trahisons, guerre entreprise pour
dissimuler les vols de l'Empire et battre mon-
naie à nouveau, a été la conséquence fatale de
cet état de chose qui pèsera sur la patrie longtemps après que ceux qui l'on vendue et qui
voudraient l'asservir encore, auront disparu de
la scène politique pour l'honneur de la France
et de l'humanité.

Tels furent, citoyens, les premiers résultats
des votes inconscients de ce pauvre peuple de
France qui n'est pas près d'avoir payé les frais
de ses bévues.

Et maintenant, citoyens, nous touchons au
quart d'heure de Rabelais, à ce moment où
l'Empire acculé à ses crimes et au misérable
état de ses finances, n'a même plus la ressource
des emprunts.

Sa pénurie est telle, qu'il s'en prend à la
caisse de sa chère armée, à celle des hôpitaux,
à celle des compagnies d'assurances, à la caisse

d'épargne même, où, pourtant il se heurte à une sévère résistance, dont il s'étonne.

Ah ! c'est que le temps était passé où il lui suffisait de feindre une colique et de rester au lit plus tard que d'habitude pour faire baisser la rente de 2 francs, acheter ensuite, en dessous main, et la faire hausser en quelques heures, par ce qu'il déjeunait avec appétit chez Marguerite Bellanger.

Comment faire pourtant? Il lui faut de l'argent de suite, et son ministre ne lui cache pas qu'il a tenté vainement un emprunt de 300 millions, et que le haut commerce aussi bien que la boutique sont restés sourds.

« Bast ! il y a la guerre, dit en riant le vieux
« Macaire, la guerre dans les frais de laquelle
« nous engloberons les 17 milliards que nous
« avons volés et mangés ensemble, vite un
« plébiscite et le tour sera joué. »

— Mais.... fit le ministre.

« Il n'y a pas de mais, on sera vainqueur,
« que diable, en doutez-vous, monsieur? Quelle
« armée résisterait donc à la garde impériale
« commandée Bazaine et à tant d'autres héros
« formés à mon école ? »

Et le plébiscite fut fait ! Et 8,750,000 voix donnèrent au coupe-jarrets de décembre le droit de déclarer la guerre ! !...

« Il n'y a que l'empereur pour faire aller les
« affaires, dirent les bourriquets de la boutique
« qui, les niais, ne voyaient pas qu'il ne les
« faisait aller que pour mieux en en dévorer le
« produit.

« Ce n'est qu'une affaire de quinze jours au
« plus, le temps d'aller à Berlin et d'en rame-
« ner l'armée prussienne à coups de crosse, di-
« rent les gobeurs. »

O mon pays! je veux t'épargner le récit de
ces deux mois de ridicule et de honte et passer
d'emblée au 28 janvier 1871.

Ce jour-là, citoyens, la France gisait pante-
lante sous le genou de Guillaume de Prusse.

Au bruit de la canonnande, du tambour et
du clairon, au crépitement des mitrailleuses et
de la mousqueterie, avait succédé le morne et
lugubre silence de la mâle cité qui, seule, pendant cinq longs mois de siège et de souffrances
inénarrables, avait opposé son indomptable
volonté de vaincre à l'inertie voulue et calcu-
lée des généraux de l'Empire et de ceux qui
osaient se dire membres de la Défense nationale.

Plus d'armée ! ! !

Des 400,000 hommes de troupes exercées qui
étaient entrées en campagne en août, il ne

restait qu'une maigre épave de la division Vinoy.

Ni les premières places fortes du monde jusque-là réputées inexpugnables, ni les défilés infranchissables (pour peu qu'on eût voulu les défendre) des Vosges et de l'Argonne, n'avaient ralenti d'un seul instant la marche paisible et jamais disputée des envahisseurs de la patrie, et il ne fallut rien moins que les désastres sans nom et sans exemple de Metz et de Sedan, pour confirmer définitivement la déchéance du césar en baudruche, que l'armée, qui devait si pitoyablement finir, avait imposé à la France le 2 Décembre 1851.

Eh bien ! malgré ce complet anéantissement de nos places frontières et de notre armée, tout pouvait se réparer encore si, au lieu de chloroformer la France on lui eut tenu un langage viril, si on avait surexcité son patriotisme en proclamant hautement la Révolution et donné aux caporaux, au lieu de le donner aux généraux, l'ordre de vaincre.

Malheureusement, il n'en fut rien, et la France ne fut débarrassée de l'immonde gouvernement de Bonaparte que pour subir celui des doctrinaires, qui, hôtes éternels de tous les gouvernements, battirent la caisse sur la Défense nationale qu'ils ne voulaient pas, d'accord en cela

avec certains généraux qui, ouvertement, tra-
hissaient à la fois la France et la République.

Ah ! ces doctrinaires, qu'on se les rappelle,
citoyens, qu'on se souvienne que quand vint
l'heure, dès longtemps arrêtée de la capitula-
tion, ils réduisirent le rationnement à des proportions infimes, déclarant aux Parisiens épui-
sés de faim et de fatigue, que les vivres abon-
daient de l'autre côté de nos remparts, n'atten-
dant pour leur être distribués que leur com-
plète résignation au fait accompli.

C'était, comme on le voit, le supplice de Tan-
tale exploité au profit du crime le plus anti-pa-
triotique qui se soit jamais vu.

Il va sans dire que cette ignominieuse mise
en demeure échoua devant le dégoût et le mé-
pris publics, et que Paris, cerveau de l'humanité, Paris, d'où émane tout ce qu'il y a de beau
de grand et de généreux, Paris, la cité fière et
vaillante, la justicière de tous les abus, Paris,
enfin qu'un soldat papalin avait juré de ne jamais rendre, après qu'un avocat faussaire et jé-
suite eut déclaré qu'il ne céderait ni un pouce
de notre territoire ni une pierre de nos forte-
resses, Paris, enfin, était livré.

Et tandis que, la rage au cœur il mâchait sa
dernière cartouche, pleurant à la fois sur nos
provinces perdues et nos fils inutilement im-

molés, on conspirait, en haut lieu, contre la République, comme on avait conspiré contre la défense et la victoire pendant la guerre.

Enfin, quand l'armée prussienne gorgée de nos milliards et de nos meilleurs vins, eut regagné son sol désolé et à jamais maudit, quand la mort, la prison et l'exil eurent moissonné, en France, les rares hommes que l'Empire y avait laissés, les Hurons de Versailles osaient déclarer que le calme des esprits, si nécessaire au pays et aux affaires, ne pouvait s'obtenir qu'à l'aide d'un état de siège indéfini.

O asthmatiques républicains qui, parce que vous n'avez pu nous suivre à l'assaut de nos libertés et de nos droits, nous avez crié ; *racca !*

Bourgeois aveugles qui avez fait de l'infâme Thiers la hampe de votre drapeau et vous êtes ainsi condamnés à des capitulations incessantes qui, enfin, avez adopté pour défendre la République le plan de défense militaire de Trochu, vous nous avez donné tout ce que pouvaient produire vos convictions à soupapes et nous vous ajournons au jugement de l'histoire.

Résultat final des votes qui ont fait et soutenu l'Empire :

27 milliards de dette.

800,000 hommes morts.

Une République maquillée qui remet tout en question.

Citoyens, jetons un voile sur cette navrante et triste épopée, ne parlons pas non plus de cette Chambre d'herbivores nommée dans un jour de malheur sous le knout du Prussien et la pression des capitulards de Versailles, passons à la deuxième législature.

Jusqu'à cette époque, j'avais toujours cru que les grands malheurs instruisaient sûrement les peuples, je n'en crois plus rien, car le nôtre est resté complètement réfractaire à ce plus énergique de tous les enseignements.

Jamais peuple aussi cruellement châtié n'oublie aussi vite et aussi complètement ses hontes et ses malheurs. Or, un peuple qui oublie est un peuple qui sombre.

Et, en effet, citoyens, après cinq ans d'existence quels enseignements notre République a-t-elle tirés des faits et résultats que je viens de signaler? — Supposons-nous en 1875 et en face du renouvellement de la Chambre infecte qu'on a appelée Chambre introuvable. Que voyons-nous?

Nous voyons, d'une part, un peuple à peine remis des écœurements de la guerre de 1870 et de la terreur blanche qu'a suivi l'écrasement de la Commune, ignorant les hommes, n'osant ni les chercher, ni les discuter, se jeter à corps perdu dans les bras des royalistes ou des aigrefins de l'opportunisme dont il peupla la Chambre.

Nous voyons d'autre part, un gouvernement dont tous les efforts tendent à satisfaire les petites rancunes de la réaction et à désaffectionner de la République le pays, qui ne comprend pas, parodiant ainsi le bûcheron stupide qui couperait, à son origine, une branche sur laquelle il est à cheval.

Nous voyons enfin, à tous les degrés du pouvoir et de l'échelle administrative, les jeunes hobereaux de la classe dirigeante étaler leur écrasante nullité, grâce à la protection de quelques députés besogneux ou de quelques Messalines bien achalandées.

Quant au cumul des emplois et au maquignonage des sinécures, ils sont la confirmation définitive des pratiques de l'Empire, pratiques revues, non corrigées, mais considérablement aggravées par les soi-disant républicains du lendemain.

Aux premières protestations que nous fîmes entendre contre cet état de choses, veut-on savoir ce qu'on nous répondit?

On nous dit que, l'hostilité des vieux partis rendait toute réforme impossible et que, sous les lois de l'Empire, on ne pouvait avoir raison de la révolution.

Etait-ce assez claire ? tout concéder à la réaction plutôt que lui déplaire, écraser la révolution avec les infâmes lois de l'Empire plutôt que s'inspirer d'elle.

O opportunistes ! avouez que si cette politique était, comme vous le dites, savante, elle était d'une probité plus que contestable.

Mais voyons donc ce que ces vieux partis, encore aujourd'hui en présence, pouvaient avoir d'inquiétant pour la République.

En procédant par rang d'ancienneté, il y avait tout d'abord, le parti légitimiste qui ne reconnaît que Dieu pour électeur et le syllabus pour principe et pour code.

Etat-major sans armée, il n'y a dans ce parti ni hommes ni femmes, tout le monde y est général, mais sans commandement.

Il y avait ensuite le parti orléaniste qui tire son origine de l'ahurissement de Lafitte et de Lafayette, qui n'a d'autre principe que celui de s'enrichir et qui a tout ce qu'il faut pour cela faire.

Plus fort que Raspail père qui prétendait tirer de l'arsenic du fauteuil du président de la

Cour d'assises, il a, lui, soutiré 40 millions du cadavre de la France que Bismarck et Thiers avaient pourtant pressuré jusqu'à la moelle.

Ce régime n'est vraiment à craindre que pour les pauvres diables qui vont ramasser le bois mort dans la forêt de Chantilly.

Vient enfin le parti bonapartiste dont l'origine est le guet-apens et le système de gouvernement un composé de camisoles de force, de poucettes, de casse-têtes, de rapiamus, de virements et d'urnes à double fond, allons donc!... et Sedan!!...

Reste l'opportunisme, julienne faite de toutes les opinions et qui n'a d'autre principe que celui de pas en avoir, si la République pouvait mourir, c'est ce parti-là qui la tuerait, car il l'a déshonorée.

Les trois premiers partis que je viens de citer étaient-ils bien un obstacle à la réalisation du programme républicain? Je le nie absolument, j'affirme même, que, la monarchie étant de toute impossibilité vu la trinité de ses prétendants, c'était une raison puissante pour en précipiter l'application.

Thiers, l'idéal des orléanistes le savait bien, quand il les mettait en demeure et au défi de constituer une monarchie quelconque.

Faites-la donc votre monarchie, leur hurlait-il en emmanchant sa dernière veste, le jour où leur courage avait atteint la hauteur de certaine situation.

Non, la vérité vraie, c'est que la réaction mal affermie sur un sol qui lui devait ses hontes et malheurs, effrayée de l'écrasante responsabilité qu'elle avait assumée en mai 1871, dut se cramponner au régime de la terreur, suprême refuge des causes perdues, et, qu'après avoir fait dresser notre armée aux leçons des capitaines-fracasse de l'Empire, elle tira des arsenaux et du code de ce régime de Pandour, des lois draconniennes et les seuls magistrats capables de les appliquer; que, cela fait, elle trépigna avec rage sur ce que la conscience et la dignité humaine ont de plus sacré, érigeant, comme au temps de Tibère et de Commode, la délation en principe et les faux témoignages en institution.

Enfin elle prit au vatican le syllabus, et dans un élan de joie imbécile s'écria : *Delenda est Respublica* !

Mais au premier bruit de chaînes qu'apportèrent les vents de l'Océan calédonien, au premier rugissement de colère et d'indignation des proscrits, dont elle avait inondé le monde, elle tressaillit, et devant la presse étrangère et l'humanité outragées qui lui criaient amnistie ! elle courba le front et devint muette. Car les félonies de la guerre de 1871 paralysaient sa langue et le sang de mai l'étouffait; tant il est vrai que le sang des victimes n'est jamais stérile et le temps de l'exil jamais perdu.

A partir de cette époque, le parti de l'ordre moral fut complètement détraqué, il devint une Babel indescriptible au milieu de laquelle erra à tâtons et sans boussole, l'invalide inconscient qu'elle avait placé au gouvernail, sans la moindre notion de cette mer politique sur laquelle il s'était si imprudemment embarqué.

La dissolution était imminente, nécessaire, inéluctable et elle eut lieu, sans qu'un seul député protestât contre cet acte de violence.

Ah! nos pères, eux, ne fussent sortis de là que la baïonnette au ventre, les 363 en sortirent...

Abordons maintenant la deuxième phase de l'essai loyal; celle au milieu de laquelle nous nous débattons encore, et mettons, comme nous l'avons fait jusqu'ici, nos votes en face de ceux de nos députés.

Peu de jours nous séparaient de la promulgation de cette fameuse constitution à l'obtention de laquelle les grands prêtres de l'opportunisme, avaient, sans hésiter, sacrifié les dernières garanties de la République et voté, en fin de compte, le grand conseil des communes, dont l'unique rôle devait consister à barrer le passage aux minuscules réformes qu'aurait pu faire la Chambre, si elle en avait été capable, car ce Sénat n'était à vrai dire qu'un pont jeté aux coups de force que la constitution légitimait en quelque sorte.

A ce moment d'ailleurs, les caractères étaient tombés en France à plusieurs degrés au-dessous de zéro, et les plus grossières apostasies ne se gazaient pas plus que ne l'avaient fait les trahisons du premier siège et les 400,000 dénonciations qui suivirent l'écrasement de la Commune, que dis-je ? elles s'affichèrent hautement et sans que la conscience publique s'en indignât.

Le véritable peuple, lui, s'était effacé et incarné dans un homme qu'il chargeait de penser et de voter pour lui.

Comme de tout temps, il lui fallait une idole, ne fût-ce que pour remplacer celle que Guillaume de Prusse était venue prendre à Sedan, et avait conduite par l'oreille, à Chilshurts et à la postérité.

Comme ce major qui, pour se figurer qu'il buvait de l'absinthe, quand il n'avait que de l'eau, mettait des lunettes vertes, le peuple, lui, en avait mis de roses à travers lesquelles il voyait tout pour le mieux dans la meilleur des républiques.

O *homines ad servitutem paratos*!!

A ce moment, il s'agissait de renouveler la Chambre que Mac-Mahon avait poussée de sa botte sur le troittoir.

Dans tout autre pays que le nôtre, nul appareil Boiton, aucune ceinture de sauvetage n'eussent soutenu, ne fût-ce qu'un instant, sur cette mer houleuse qu'on nomme popularité, les 340 représentants de l'inertie à outrance et des concessions à jet continu.

Chez nous, citoyens, il a suffi à cette Assemblée, qui n'avait plus de fautes à commettre, qui avait mécontenté à la fois le pays et Mac-Mahon lui-même, de décréter sa propre réélection pour quelle eût lieu à la presque unanimité des voix, et cela, sous le prétexte que le soufflet qu'elle avait reçu s'adressait bien plus à ses électeurs qu'à elle-même, et que, cet acte de brutalité d'un pouvoir auquel elle avait lâchement tout concédé, la rendrait à l'avenir plus circonspecte et surtout plus énergique.

Eh bien, elle a siégé, cette Chambre, quatre mois à peu près, sur douze, chaque année, consacrant tout au plus une heure ou deux par jour, à valider ou à invalider des élections, à nommer des commissions d'enquête, comme celle du 16 mai, enquêtes aussi inutiles que ridicules, puisqu'elles ne devaient aboutir qu'à l'acquittement des coupables qui siègent aujourd'hui au Sénat.

Depuis lors, le temps s'est passé à la Chambre en discussions oiseuses et sur des questions absolument insignifiantes.

Tout cela, dans le but d'amuser le tapis, d'ajourner les réformes les plus indispensables et d'en détourner l'attention publique.

Qui ne se rappelle en effet, les proportions données à l'affaire de ce pauvre Félicien David, qui, bien que décoré fut enterré comme s'il avait eu l'honneur de ne pas l'être?

Et l'enquête aussi curieuse que comique sur les causes de la diminution de la population, enquête provoquée par M. Léonce Delavergne et qui dura plusieurs mois?

Comme si les 400,000 tués de la guerre de 1870, les 40,000 fusillés et les 120,000 embastillés ou bannis de 1871, tous gens aussi propres au service de Vénus qu'à celui de Bellonne, n'expliquaient pas surabondamment la diminution des naissances.

C'est pourtant avec des inepties de ce genre que monarchistes et opportunistes ont pu ahurir le peuple au point de lui faire croire que la

République avait fait des réformes et diminué des impôts.

Quelles réformes ? Quels impôts ?

On a réduit des quelques centimes l'impôt sur le sel et sur la chicorée en même temps qu'on augmentait d'autres impôts dans des proportions effroyables.

Partout et toujours trompé, le pauvre peuple perd jusqu'à la notion du vrai et ne sait plus à qui entendre.

Ah ! c'est que, pour tout observateur resté honnête au milieu de l'immense écroulement moral auquel nous assistons contristés, sous la République sans républicains, la corruption, le mensonge et la calomnie sont les trois branches les plus importantes de la science gouvernementale, et que, nul n'y peut guère être quelqu'un ou quelque chose s'il n'est susceptible d'être à la fois corrompu, corrupteur et au besoin calomniateur (à moins pourtant, qu'il soit bonapartiste.

En France, à l'heure présente, la probité politique n'existe plus qu'à l'état de souvenir.

Pourquoi ?

C'est d'abord parce que les deux monarchies qui ont précédé notre république se sont persévéramment attachées à obtenir ce résultat déplorable.

C'est ensuite, parce que leurs partisans ont, après l'écrasement de la France, auquel ils ont si puissamment aidé, trouvé, précisément à la tête des affaires, l'homme qui en était le plus absolument dépourvu, Monsieur Thiers, qui n'a trouvé la République bonne et possible que le jour où on lui en a donné la direction et la présidence et qui, pour s'éviter toute opposition, une fois au pouvoir, l'a voulue sans républicains.

Monsieur Thiers enfin, qui a pu faire croire à la France que, la République, même entre les mains de ses plus cruels ennemis, enfanterait toutes les vertus, au lieu de lui dire que, la vertu seule faisait les républicains et rendait les républiques impérissables.

Quoi donc d'étonnant à ce que ce pauvre peuple, que le successeur et plagiaire de Thiers a assourdi de sa faconde gasconne et de ses théories démoralisatrices, prenne les écœurantes palidonies, dont il est témoin tous les jours, pour du haut savoir-faire, rie des coups portés dans l'ombre, par les sceptiques de l'opportunisme, aux naïfs esclaves de la conscience et de la foi jurée, et noie, en fin de compte, dans le petit bleu et les flonflons des fêtes énervantes dont on le sature à dessein, le reste du souci qu'il a de ses droits et de l'avenir de ses enfants ?

Il a oublié, le pauvre ! que la République de 1848, à l'avènement de laquelle beaucoup ont contribué comme moi, a voulu, elle aussi, pour se rallier les royalistes, se passer des républicains — et qu'elle a sombré bêtement sous les sifflets et les éclats de rire de la réaction.

Non, il n'y a pas d'illusion à se faire, la foi et la probité politique tendent à disparaître, la décomposition morale est profonde.

Et comment y remédier, quand elle a fait école dans les masses ?

Un peuple devenu sceptique en toutes choses, revient d'autant plus difficilement aux saines vérités qui sont et doivent être la base de toute société durable, qu'en raison de son scepticisme même, il est incapable d'éduquer les nouvelles générations.

Que veut-on que devienne un peuple qui n'aurait aucun goût pour la vertu et où nul homme ne pourrait se confier à un autre homme sans être sûr d'être trompé ?

Savait-il donc à quoi s'en tenir sur notre état moral, le grand corrupteur, lorsqu'il inventa l'opportunisme ?

Hélas ! quand il déclara que « les temps de l'héroïsme étaient passés », il se rappelait sans doute qu'il avait battu le briquet six mois durant, sur notre patriotisme sans en faire jaillir grande étincelle.

Et pourtant, il nous faut espérer quand même redoubler d'autant plus d'efforts que les difficultés sont devenues plus grandes.

Il nous faut, à tout prix, sortir de cette situation ridicule et abjecte d'un peuple dont le génie éminamment propulseur, est enrayé par l'esprit rétrograde de deux Chambres, dont l'une, le Sénat, est notoirement faite contre la République.

Modifions donc, du tout au tout, la fameuse Constitution Wallon, serpent à deux têtes qui nous condamne à l'immobilité ou à une lutte incessante.

Supprimons la Présidence de la République déclarée inutile et daugereuse à deux époques fort éloignées l'une de l'autre par M. Grévy lui-même. (*)

Supprimons les ministres dont l'unique rôle devrait consister à faire exécuter les lois votées par le corps législatif, mais qui s'attachent uniquement à faire repousser celles dont le caractère est, selon eux, trop libéral, et cela sous le

---

(*) Lettre publiée dans la *Vraie République* et reproduite par la *Rive-Gauche* du 16 novembre 1884.

prétexte qu'ils ne peuvent gouverner avec elles !

Qu'est-ce à dire gouverner ?

Les ministres n'ont rien à gouverner du tout, ils ont à faire exécuter les lois et s'ils se croient incapables de le faire avec la liberté, qu'ils s'en aillent !... Mais il y a belle lurette que les ministres ne s'en vont plus !

Nous ne sommes plus au temps où l'on croyait encore à la responsabilité ministérielle et à la gravité de ce qu'on appelle une crise.

La responsabilité des ministres ne s'est traduite jusqu'ici, qu'en grosses rentes, bien et dûment inscrites au grand livre de la dette publique, et nous pourrions même en citer un dont sous le gouvernement de Gambetta, la veuve a été inscrite pour 6,000 fr. de rente, bien que son mari n'ait pas siégé quinze jours au banc des ministres.

Aujourd'hui on remplace instantanément et sans le moindre inconvénient, un ministre, par un joueur d'orgue quelconque, car il y a 18 siècles que c'est la même chose (il n'y a qu'à tourner la manivelle).

Ni les Peyronnet, ni les Polignac, ni les Guizot, ni même les de Cissey et les Ferry, n'ont été recherchés que je sache, pour l'édifiante façon dont ils ont gouverné.

On a fait jusqu'ici un mérite à tout président du Conseil qui a pu se constituer une forte majorité.

Comme si une homme qui dispose de 100,000 emplois, dont le moindre est payé 25,000 fr., pouvait être en peine d'arriver à ce résultat.

Le dernier conflit survenu entre le pays et le ministère Ferry ouvrira-t-il enfin les yeux?

Eh quoi! Nous donnons à une Chambre le droit de déclarer la guerre, quand nous savons que, dix-neuf fois sur vingt, elle est l'esclave obligée du gouvernement?...

C'est au peuple qui se fait tuer pour la patrie dont il ne possède pas un centimètre, qu'appartient le droit de voter ou repousser la guerre.

Pour quiconque raisonne, il est évident, que la majorité de la Chambre et le ministère Ferry ont voulu la guerre de Chine et qu'ils en sont responsables au même titre.

Donc plus de ministres! des commissions exécutives nommées pour un an.

Loin d'avoir été crée en vue de modérer les velléités que pourrait avoir la Chambre législative à faire des réformes, le Sénat, lui, n'a été fait qu'en vue de fournir à ce corps politique prétexte à ne rien faire.

Dieu sait s'il en use ! Et s'il tient à cette haute

Chambre, qui est le port le plus sûr de tous ceux de ses membres qu'une ruade du bidet électoral a jettés sur le carreau.

Plus de Sénat!...

Les députés qui, ne devraient être que les fidèles porte-voix de la nation, chargés de faire réaliser ses aspirations, n'entrent guère à la Chambre sans déposer au vestiaire, avec leur pardessus, les engagements qu'ils ont pris envers leurs électeurs, à peine sont-ils assis qu'ils deviennent les hommes-liges des ministres.

J'en conclus qu'ils nous faut le mandat impératif avec la déchéance pour sanction.

Citoyens ! Si nous voulons sérieusement des réformes, n'envoyons à la Chambre que des hommes dont le passé politique nous soit une garantie de l'avenir, en un mot, faisons de bonnes élections et on nous fera de la bonne politique.

Arrière ces tartufes politiques qui jouent tous les jeux, qui prennent un air effaré, font des yeux blancs et taxent d'exagération quiconque parle de réformes sans lesquelles la République n'a pas la moindre raison d'être.

Rappelons-nous que, la plus hardie, la plus colossale des réformes qui jamais ait été faite, et dont la seule idée faisait bondir de colère ou pouffer de rire les crétins qui, avec Thiers, ne la jugeaient pas possible avant trente siècles, a été faite en une demi-heure par Ledru-Rollin dont beaucoup d'ilotes émancipés, ignorent encore le nom.

Citoyens! les élections sont proches, l'avenir de la République en dépend. Montrons-nous les dignes fils des géants de 89, en défendant à coups de bulletins de vote, les précieuses conquêtes qu'ils nous ont léguées, au prix de tant d'abnégation et de sang !

Vive la République, radicale, démocratique et sociale !

GUSTAVE MARTIN,
ancien maire de Montrouge.

Paris. — Typ. Collombon et Brûlé, rue de l'Abbaye, 22.

9 782011 753939